AF377339

NOTICE

DES PRINCIPAUX ARTICLES

DE LA BIBLIOTHÈQUE

DE FEU M. BAYARD DE PLAINVILLE,

Ancien Conseiller du Roi au Conseil supérieur du Cap François, Lieutenant Général de l'Amirauté de la même ville,
Chevalier de Saint-Louis et Officier de la Légion d'Honneur.

*Dont la Vente se fera le lundi 17 Avril 1820,
et jours suivans, à six heures très-précises de
relevée, en sa maison, rue de Grenelle-Saint-
Germain, n° 35.*

Se distribue À PARIS,

Chez MM.
{
DE BURE frères, Libraires du Roi, et de la Bibliothéque du Roi, rue Serpente, n° 7 ;

GORET, Commissaire-priseur, rue Guénégaud,
n° 25.
}

1820.

Les Livres seront exposés dans l'ordre qui suit:

Première vacation, lundi 17 avril.

Les N⁰ˢ XXXIII, XXXVI, XXXVII, XXXVIII, XL, XLI, XLII, XXIX, XXX, II, XXXIV.

2ᵉ vacation, mardi 18 avril.

Les N⁰ˢ XVI, XX, XXII, XXIII, XVIII, I, VIII, XI, XII.

3ᵉ vacation, mercredi 19 avril.

Les N⁰ˢ XXXI, XXXII, XVII, XIX, XXI, XXV, XXXV, VII.

4ᵉ vacation, jeudi 20 avril.

Les N⁰ˢ XIV, VI, X, XV, XXIV, XXVI, XXVII, XXVIII, IV, V, IX, XXXIX, III, XIII.

On vendra, au commencement de chaque Vacation, des Livres qui ne sont point insérés dans la Notice.

Montant des Vacations   acheté

1ᵉʳᵉ ------ - 778ᶠ..30ᶜ   1ᵉʳᵉ ------ - 107ᶠ..80ᶜ
2ᵈᵉ ___ — 958. 10   2ᵈᵉ ------ - 82..85
        1736 40   190. 65
3ᵉ ----- 856. 45   3ᵉ ------ - 75..15
        2592 85   265 80
4ᵉ ---- 1699 - 5   4ᵉ ------ - 174..90
total --- 4291..90.   total -- - 440..70

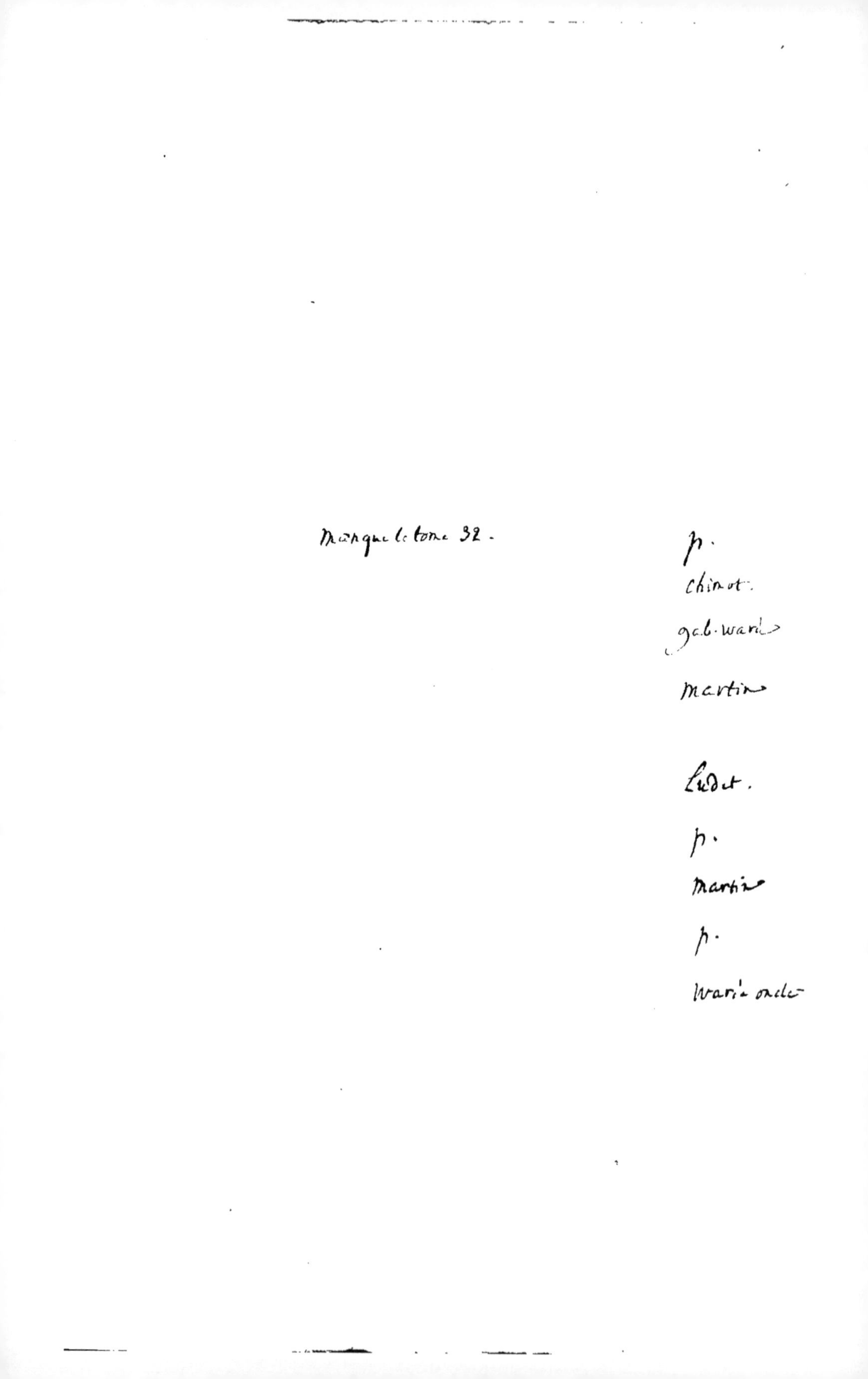

manque le tome 32 -

p.
chinot.
gab. ward
martin

ludet.
p.
martin
p.
war's onde

NOTICE

DES PRINCIPAUX ARTICLES

DE LA BIBLIOTHÉQUE

DE FEU M. BAYARD DE PLAINVILLE.

N°. I. 100 vol. in-8. et in-12.

Voyages imaginaires, Songes, etc. *Paris*, 1787,   *49.*
   39 *vol. in-8. fig. bas.*
Nouveau Dictionnaire d'Histoire naturelle. *Paris*,   *78..5.*
   1803, 24 *vol. in-8. fig. dem. rel.*
Voyage en Italie, par De Lalande. *Paris*, 1786, *28.*
   9 *vol. in-12. v. m. et atlas.*
Les Vies des Hommes illustres de la France, par *20.*
   d'Auvigny. *Paris*, 1769, 27 *vol. in-12. v. m.*

N° II. 32 *vol. in-4.* dont :

Histoire d'Espagne, par Mariana, trad. de l'espa- *17..60.*
   gnol. *Paris*, 1725, 6 *vol. v. b. Gr. Pap.*
Recueil de portraits gravés par Moncornet. 1 *vol.* *18.*
   v. b.
Histoire de la Vie de Jésus-Christ, représentée en *6.. 10.*
   figures. 1 *vol. v. b.*
Recueil des Monnaies, tant anciennes que mo- *2.. 55.*
   dernes, par de Salzade. *Bruxelles*, 1767, 1 *vol.*
   dem. rel.
Nouveau Commentaire sur l'ordonnance de la Ma- *33.*
   rine, par Valin. *La Rochelle*, 1776, 2 *vol. bas.*

A

Dictionnaire de l'Académie françoise. *Lyon*, 1777, 2 *vol. v. m.*

Dictionnaire de Droit et de Pratique, par de Ferrière. *Paris*, 1771, 2 *vol. bas.*

Recueil des Arrêts de M. de Lamoignon. *Paris*, 1783, 2 *vol. v. m.*

Traité de la Justice criminelle en France, par Jousse. *Paris*, 1771, 4 *vol. v. m.*

Nouveau style criminel, par Dumont. *Paris*, 1778, 1 *vol. v. m.*

N° III. 31 *vol. in-4.*

Répertoire universel de Jurisprudence, par Guyot. *Paris*, 1784, 17 *vol. bas.*

Œuvres de Pothier. *Paris*, 1773, 7 *vol. v. m.*

Cours d'Agriculture, par l'abbé Rozier. *Paris*, 1787, 7 *vol. fig. vélin vert.*

N° IV. 67 *vol. in-8 et in-4.*

Histoire philosophique des Établissemens des Européens dans les deux Indes, par Raynal. *Genève*, 1781, 10 *vol. v. éc. et atlas.*

Voyage d'Anacharsis en Grèce, par l'abbé Barthélemy. *Paris*, 1790, 7 *vol. v. porph. et atlas.*

Œuvres complètes de Marivaux. *Paris*, 1781, 12 *vol. v. éc.*

Théâtre des Grecs, par le P. Brumoy, etc. *Paris*, 1785, 13 *vol. fig. dem. rel.*

Œuvres de J. J. Rousseau, contenant Émile, la Nouvelle Héloïse, Mélanges, Dictionnaire de musique, etc. *Genève*, 1780, 16 *vol. v. m.*

N° V. 30 *vol. in-4.*

Collection de décisions de jurisprudence, par Denisart. *Paris*, 1771, 5 *vol. v. m.*

Œuvres du chancelier d'Aguesseau. *Paris*, 1759, 13 *vol. v. m.*

Motet.

warie on...

idem

p.

chimot.   avec 2 volumes in 4°.

Mequignon

warie oncle

p.

p.

gab. warié

Renouard.   œuvres. M. and.

p.

p.

Meilhac.

chimot.

simonnet.

p.

p.
martine
La Loy
p.
chimot.

La Loy

pierres

porquet.

chimot.

p.

p.
marie oncle

la reliure toute unie

De l'Administration des finances de la France, et comptes rendus, par Necker. 1785, 4 *vol. v. éc.*

La Nouvelle Maison rustique. *Paris*, 1772, 2 *vol. fig. bas.*

Dictionnaire des Jardiniers, par Miller. *Paris*, 1781, 6 *vol. fig. vel. vert.*

N° VI. 62 *vol. in-*12.

Histoire ancienne des Égyptiens, etc. par Rollin. *Paris*, 1764, 14 *vol. v. m.*

Histoire Romaine, par le même. *Paris*, 1769, 16 *vol. v. m.*

Bibliothéque de campagne. *Bruxelles*, 1785, 12 *vol. dem. rel.*

Histoire de la Vie de Henri IV, par de Bury. *Paris*, 1779, 4 *vol. dem. rel.*

La Christiade, ou le Paradis reconquis. *Bruxelles*, 1753, 6 *vol. v. éc.*

L'Espion Anglais. *Londres*, 1784, 10 *vol. dem. rel.*

N° VII. 21 *vol. in-fol.* dont :

Bibliothéque historique de la France, par de Fontette. *Paris*, 1768, 5 *vol. v. m.*

Cérémonies et Coutumes religieuses, avec les explications, par l'abbé Banier. *Paris*, 1741, 7 *vol. v. m.* figures de Bernard Picart.

Les Fastes de l'Empire d'Occident. *Vienne*, 1788, 1 *vol. fig. v. m.*

Description historique de Dunkerque, par Faulconnier. *Bruges*, 1730, 1 *vol. fig. m. r. dent.*

Atlas curieux, par de Fer. 2 *vol. obl. bas.* ‒ ‒ ‒ ‒

Histoire de l'Abbaye royale de Saint-Denis, par D. Felibien. *Paris*, 1706, 1 *vol. fig. v. b.*

Œuvres de Boileau Despréaux. *Amst.* 1729, 2 *vol. fig. v. b.*

Les Lois civiles, par Domat. *Paris*, 1777, 1 *vol. v. m.*

N° VIII. 32 *vol. in-4.* dont:

12 . - 5   Histoire de la République romaine, par Salluste, publiée par le président de Brosses. *Dijon*, 1777, 3 *vol. fig. v. b.*

18 - -20   Les Vies des Hommes illustres de Plutarque, traduites par Dacier. *Paris*, 1721, 9 *vol. v. b.*

13 - - .   Histoire d'Angleterre, par Henry, trad. de l'anglais. *Paris*, 1789, 6 *vol. bas.*

6 - - -   Histoire des Guerres d'Italie, par Guichardin, traduite de l'italien. *Londres*, 1738, 3 *vol. v. m.*

8 . . 60   Histoire de l'Église, trad. par Cousin. *Paris*, 1675, 4 *vol. v. b.*

15 - -   Dictionnaire d'Histoire naturelle, par Valmont de Bomare. *Paris*, 1775, 6 *vol. v. m.*

N° IX. 22 *vol. in-folio.*

19 - - 5   Dictionnaire géographique, par de la Martinière. *Paris*, 1768, 6 *vol. v. m.*

8 . . 60   Dictionnaire historique, par Moreri. *Lyon*, 1681, 3 *vol. bas.*

87 - - -   Dictionnaire historique et critique, par Bayle. *Amst.* 1720, 4 *vol. v. f.*

29 - - - .   — Le même. 1730, 4 *vol. v. m.*

43 . . —   Dictionnaire historique et critique, par de Chauffepié. *Amst.* 1750, 4 *vol. v. m.*

5 - -   Remarques critiques sur le Dictionnaire de Bayle, par Joly. *Paris*, 1752, 2 *tom. en* 1 *vol. v. m.*

N° X. 58 *vol. in-12.*

37 . - 5   Histoire ecclésiastique, par Fleury. *Paris*, 1740, 36 *tom. rel. en* 37 *vol. v. b.*

9 - 5 .   Essais de Morale de Nicole. *Paris*, 1730, 21 *vol. v. b.*

N° XI. 58 *vol. in-4.*

119 - -50   Encyclopédie, ou Dictionnaire des connaissances

porquet:

p.

p.

p.

martin

louvard.

chimot.

gab. warée

p.

Dufart.

porquet

mequignon j.r

p.

Brault

imparfait de beaucoup de titres, et de plans
mouillés.

tout taché et piqué.

Chimot.

pillet.
Louard.

Simonnet.

histoire. Mme de la g.

Laloy

p.

p.
Lebitte

p.

p.

humaines, publié par de Félice. *Yverdon*, 1770 ;
58 *vol. fig. bas.*

N° XII. 3o *vol. in-4.*

Dictionnaire universel des Sciences morale, éco-
nomique, etc. ou Bibliothéque de l'homme
d'état, par Robinet et autres. *Londres*, 1777,
3o *vol. dem. rel.*

N° XIII. 9i *vol. in-8.*

Collection universelle des Mémoires relatifs à
l'Histoire de France. *Paris*, 1785, 67 *vol. v. j.*
Abrégé de l'Histoire des Voyages, par de La Harpe.
Paris, 1780, 23 *vol. et atlas, v. m.*

N° XIV. 64 *vol. in-8 et in-12.* dont :

Causes célèbres et intéressantes, avec les Juge-
mens qui les ont décidées. *Amst.* 1772 , 18 *vol.*
v. m.
Histoire de Malte, par de Vertot. *Paris*, 1772,
7 *vol. v. m.*
L'Espion dans les Cours des princes chrétiens. *Co-*
logne, 1700, 6 *vol. v. éc.*
Lettres historiques et galantes, par madame Du-
noyer. *Amst.* 1720, 5 *vol. v. b.*
Le Philosophe chrétien, par Formey. *Leyde*, 1752,
4 *vol. v. m.*
Émile chrétien, par le même. *Berlin*, 1764, 4 *vol.*
in-8. v. m.
Considérations sur les œuvres de Dieu, dans le
règne de la nature, par Sturm. *Paris*, 1788,
3 *vol. dem. rel.*
La Physique occulte, ou Traité de la baguette divi-
natoire. *La Haye*, 1747, 2 *vol. v. m.*
Le Conte du Tonneau, trad. de l'anglais de Swift.
La Haye, 1732, 2 *vol. fig. v. m.*

2 - 25 - La Famille de Popoli, par lady Hamilton. *Paris,
Didot, 2 vol. cart. Pap. Vél.*

N° XV. 44 *vol. in-8. dont :*

16 - -10   OEuvres complètes de Mably. *Lyon, 1792, 14 vol.
dem. rel.*

15 - -60   OEuvres d'Homère, trad. en vers français, par de
Rochefort. *Paris, 1772, 5 vol. v. f.*

14 - -77
10 - --   Choix de Chansons mises en musique, par de La-
borde. *Paris, 1773, 4 vol. fig. v. éc.*

2 - -95
6 - - 5   Bienfaits de la Religion chrétienne, traduits par
M. Boulard. *Paris, 1807, 2 vol. dem. rel.*

Code civil des Français. *Paris, 1804, 4 vol. dem. rel.*

5 - -95   Histoire de la Conjuration du duc d'Orléans. *Paris, 1796, 3 vol. dem. rel.*

1 - -50   Le Jardin anglais, ou Variétés tant originales que
trad. par Le Tourneur. *Paris, 1788, 2 vol. dem. r.*

5 - 50   Voyage en Afrique, par Le Vaillant. *Paris, 1790,
2 vol. fig. dem. rel.*

N° XVI. 54 *vol. in-8. dont :*

8 - -95   Médecine domestique, par Buchan, traduite de
l'anglais. *Paris, 1785, 5 vol. v. m.*

3 - -55   Abrégé de l'Histoire des Plantes usuelles, par Cho-
mel. *Paris, 1803, 2 vol. bas.*

3 - - -   L'Ami des Cultivateurs, par Poinsot. *Paris, 1806,
2 vol. dem. rel.*

1 - -50   Philosophie du bonheur, par Delisle de Sales. *Paris, an VIII, 2 vol. dem. rel.*

4 - -40   { Théorie des Lois criminelles, par Brissot de War-
ville. *Paris, 1781, 2 vol. bas.*
{ Cours de Latinité, par Vanière. *Paris, 1781, 2 v. bas.*

6 - 50   Nouveaux Synonymes français, par Roubaud. *Paris, 1785, 4 vol. v. m.*

5 - -5   Tableau de Paris, par Mercier. *Amst. 1782, 8 tom.
en 4 vol. dem. rel.*

5 - -20   Histoire de la Révolution de France, par Bertrand
de Molleville. *Paris, 1801, 5 vol. dem. rel.*

Laloy

Dabin

clerc.

~~pierre~~
p.
Beyot.

p.
chimot:

p.
limonnet.

Dabin

p.

p.

_ p.

Langlois.
martin

goret.

p.

Sale reverendus   choix. M. Cou.

Simonnet.

p.

p.

Simonnet.

Dabin

p.

p.

p.

p.

meilhac.

p.

p.

Simonnet.

nozeran

pompadour. M. de Cr.

chinot.

Les Incas, par Marmontel. *Paris*, 1777, 2 *vol. v. éc.*

Les Origines de l'ancien gouvernement de la France, de l'Allemagne, etc. par de Buat. *Paris*, 1789, 3 *vol. bas.*

Mémoires de Stéphanie-Louise de Bourbon Conti. *Paris, an VI*, 2 *vol. dem. rel.*

Mémoires de Frédéric, baron de Trenck. *Paris*, 1789, 3 *vol. m. v.*

Lettres sur la Sicile et la Turquie, trad. de l'italien de Sestini. *Paris*, 1789, 3 *vol. dem. rel.*

Voyage dans l'Indostan, par Perrin. *Paris*, 1807, 2 *vol. dem. rel.*

Voyage de De Mayer en Suisse, en 1784. *Paris*, 1786, 2 *vol. v. éc.*

Voyage dans les parties intérieures de l'Amérique, traduit de l'anglais. *Paris*, 1790, 2 *vol. dem. rel.*

Voyage à Cayenne, par Pitou. *Paris*, 1805, 2 *vol. dem. rel.*

Description du département de l'Oise, par Cambry. *Paris*, 1803, 2 *vol. dem. rel. et atlas.*

Voyage dans le Finistère, par le même. *Paris, an VII*, 3 *vol. fig. v. éc. Pap. Vél.*

N° XVII. 57 *vol. in-8.*

Encyclopédie poétique, par de Gaigne. *Paris*, 1778, 18 *vol. dem. rel.*

Biographie moderne. *Breslau*, 1806, 4 *vol. dem. rel.*

Éphémérides politiques, littéraires et religieuses. 1797, 4 *vol. dem. rel.*

Mémoires historiques et anecdotes de la Cour de France, pendant la faveur de madame de Pompadour. *Paris*, 1802, 1 *vol. fig. dem. rel.*

Mémoires pour servir à l'histoire ecclésiastique pendant le dix-huitième siècle. *Paris*, 1806, 2 *vol. dem. rel.*

21 - 95   Mémoires du cardinal de Retz, de Joly et de la duchesse de Nemours. *Paris*, 1817, 6 *vol. dem. rel.*

19 - 80   Louis XVI et ses vertus aux prises avec la perversité de son siècle, par l'abbé Proyart. *Paris*, 1808, 5 *vol. v. porph.*

4 - 5   Histoire de Henri-le-Grand, par madame de Genlis. *Paris*, 1815, 2 *vol. dem. rel.*

4 - 5   Histoire des progrès et de la chute de l'empire de Mysore, par Michaud. *Paris*, 1801, 2 *vol. bas.*

7 - 25   Description des Catacombes de Paris, par M. Héricart de Thury. *Paris*, 1815, 1 *vol. fig. dem. rel.*

9 - 95   Histoire générale de la Belgique, par Dewez. *Bruxelles*, 1805, 7 *vol. dem. rel.*

10 - - -   OEuvres choisies, Pensées et Lettres du prince de Ligne. *Paris*, 1809, 4 *vol. dem. rel.*

1 - 50   Des Colonies françaises sous la zone torride, et particulièrement de celle de Saint-Domingue. *Paris*, 1802, 1 *vol. dem. rel.*

N° XVIII. 55 *vol. in-8.* dont :

5 - 60   Tableau historique de l'esprit et du caractère des Littérateurs français. *Paris*, 1785, 4 *vol. v. f.*

25 - -   OEuvres de J. Racine, avec des Commentaires, par Luneau de Boisjermain. *Paris*, 1768, 7 *vol. fig. v. m.*

11 - - -   OEuvres de Palissot. *Liége*, 1777, 6 *vol. v. f.*

13 - 95   OEuvres de l'abbé de Voisenon. *Paris*, 1781, 5 *vol. v. f.*

8 - - -   OEuvres de de Belloy. *Paris*, 1787, 6 *vol. fig. v. m.*

32 - - 15   OEuvres d'Alexandre Pope, traduites de l'anglais. *Paris*, 1779, 8 *vol. fig. v. éc.*

13 - - -   Lettres à Émilie sur la Mythologie, par Demoustier. *Paris*, 1801, 3 *vol. fig. v. porph.*

17 - 95   Histoire de l'Empire Ottoman, par M. de Salaberry. *Paris*, 1813, 4 *vol. dem. rel.*

p.

Simonnet.

p.

p.

Dabino

chimot.

p.

gonot.

p.

p.

Simonnet.
laloy
p.

p.

description. au Bou. 6.^{t}–25^c

voisenon. M. de Cr.

histoire. M. Cou. m. Bou. ma^t–25^c

œuvres. m. Dehan. az+   + ferrras .

                                                        p.
                                                        p.

                                                        gont:

commentaire. M. Cou.

correspondance. M. de Cr.

                                                        chinot.

                                                        p.

                                                        finonat

                                                        chinot.

                                                        p.

                                                        p.

                                                        Vaçot.

Memoires. M. de Cr.

                                                        nequignon jr.

Tableau de l'Espagne moderne, par Bourgoing.   *4.*
   Paris, 1797, 3 *vol. dem. rel.*

Relation des Isles Pelew, traduit de l'anglais de   *2 — 50*
   G. Keate. *Paris,* 1788, 2 *vol. fig. dem. rel.*

OEuvres dramatiques de M. A. F.⸫. *Paris, de l'im-*   *5 — — 𝒟.*
   primerie royale, 1817, 1 *vol. cart.*

La Vie de Voltaire. *Genève,* 1786, 1 *vol. dem. rel.*   *1 — 50.*

Dictionnaire géographique, par Vosgien. *Paris,*   *2 — 55.*
   an VII, 1 *vol. bas.*

Commentaire sur les meilleurs ouvrages de la lan-   *5 — 5 . 𝒟.*
   gue française, par le chevalier Croft. *Paris,*
   Didot aîné, 1815, 1 *vol. cart.*

Dernières années du règne et de la vie de Louis XVI,   *4 — 95 𝒟.*
   par M. Hue. *Paris,* 1816, 1 *vol. cart.*

Correspondance inédite de Louis XVI. *Paris,* 1803,   *5 — — 𝒟.*
   2 *vol. dem. rel.*

N° XIX. 46 *vol. in-8.* dont :

Les Révolutions de Paris, par Prudhomme. *Paris,*   *6.*
   1790, 9 *vol. dem. rel.*

Mémoires secrets sur les règnes de Louis XIV et de   *6 — 5.*
   Louis XV, par Duclos. *Paris,* 1791, 2 *vol. bas.*

L'An deux mille quatre cent quarante, par Mer-   *5.*
   cier. 1786, 3 *vol. v. éc.*

Vie et Lettres de Gellert, traduit de l'allemand.   *2 . 5*
   Utrecht, 1775, 3 *vol. bas.*

Principes de la philosophie naturelle, par de La-   *1 . 95*
   métherie. *Genève,* 1787, 2 *vol. dem. rel.*

Lettres sur l'Égypte, par Savary. *Paris,* 1785, 3 *vol.*   *4.*
   fig. dem. rel.

Lettres de quelques Juifs portugais à M. de Vol-   *5 . 15*
   taire, par l'abbé Guenée. *Paris,* 1781, 3 *vol.*
   v. m.

Mémoires de la margrave de Bareith, sœur de Fré-   *4 — — 𝒟.*
   déric-le Grand. *Paris,* 1811, 2 *vol. dem. rel.*

Histoire de la guerre de la Vendée, par M. de Beau-   *13 — 95.*
   champ. *Paris,* 1806, 3 *vol. rel.*

8 . .20 Théâtre et autres œuvres de C. P. Colardeau. *Paris,*
1784, 2 *vol. v. éc.* .

13 . . — — OEuvres de La Harpe. *Paris*, 1778, 6 *vol. v. m.*

15 . . 5 OEuvres d'Alexis Piron. *Neufchâtel,* 1777, 8 *vol. v. m.*

N° XX. 49 *vol. in-*8.

7 . 60 La Bible de la Jeunesse, ou Abrégé de l'Histoire de
la Bible, par M. L'Écuy. *Paris*, 1810, 2 *vol. fig.*
dem. rel.

47 . 50 Vies des Pères, des Martyrs et des autres princi-
paux Saints, traduit de l'anglais de Butler, par
Godescard. *Versailles*, 1811, 13 *vol. dem. rel.*

2 . . . Médecine du Voyageur, par Duplanil. *Paris*, 1801,
3 *vol. bas.*

4 . . 5 Théâtre à l'usage des jeunes personnes, par madame de Genlis. *Paris*, 1779, 4 *vol. v. m.*

10 . 90 Dictionnaire historique. *Caen*, 1783, 9 *vol. bas.*

5 . . 5 Recherches sur la nature et les causes de la richesse
des Nations, traduit de l'anglais de Smith, par
Blavet. *Paris*, 1800, 4 *vol. dem. rel.*

6 . 5 { De l'Esprit, par Helvétius. *Londres*, 1776, 2 *vol. bas.*
De l'Homme, de ses facultés intellectuelles, par
le même. *Londres*, 1775, 2 *vol. bas.*

3 . 60 Vie de Catherine II, par de Castera. *Paris*, 1797,
2 *vol. cart.*

4 . 15 . 95 Histoire de Jeanne d'Arc, par M. Le Brun des Char-
mettes. *Paris*, 1817, 4 *vol. dem. rel.*

N° XXI. 69 *vol. in-*12. dont:

8 . . — OEuvres de Montesquieu. *Lond.* 1769, 7 *vol. v. m.*

3 . 95 { OEuvres du Philosophe bienfaisant. *Paris*, 1763,
4 *vol. v. m.*
OEuvres de Tourreil. *Paris*, 1721, 4 *vol. v. m.*

2 . . — L'École du monde, ou Instruction d'un père à son
fils, par Le Noble. *Paris*, 1739, 4 *vol. v. f.*

2 . 60 Lettres du pape Clément XIV (Ganganelli). *Liége*,
1777, 3 *vol. v. m.*

pierre

idem

chimot.

porquet.

mequignon j.r

Dabin

p.
p.
porquet.

p.

p.

                              faché d'huile dans tous les retours

                                                    histoire. M. de Cr.

Simonnet.

p.

p.

p.

clergé. C.

p.

p.

veyot.

galliot.

p.

langlois

p.

chimot.

p.

p.

firionnet.

Recueil. m. dehan. me+ si uniforme er beau.

p.

p.

simonnet.

Les Provinciales, par Pascal, avec les notes de Nicole. *Amst.* 1753, 4 *vol. v. m.*
Apologie des Lettres provinciales. *Rouen*, 1697,
2 *vol. v. b.*

Le Paradis perdu, de Milton. *Paris*, 1778, 3 *vol.*
v. m. -

Histoire du Clergé séculier et régulier. *Amst.* 1716,
4 *vol. fig. v. m.*

Histoire de l'avénement de la maison de Bourbon
au trône d'Espagne, par Targe. *Paris*, 1772,
6 *vol. v. m.*

Précis de l'Histoire universelle, par Anquetil. *Pa-*
ris, 1805, 12 *vol. bas.*

Histoire de France, par le même. *Paris*, 1805,
14 *vol. bas.*

N° XXII. 70 *vol. in-*12. dont:

Essai philosophique concernant l'entendement
humain, par Locke, traduit de l'anglais par
Coste. *Amst.* 1774, 4 *vol. v. m.*

Les caractères de Théophraste et ceux de La
Bruyère. *Amst.* 1744, 2 *vol. in-*12. *bas.*

L'École des Mœurs, par l'abbé Blanchard. *Lyon*,
1786, 3 *vol. bas.*

Études de la Nature, par Bernardin de Saint-
Pierre. *Paris*, 1788, 4 *vol. bas.*

Faramond, roman. *Paris*, 1753, 4 *vol. v. m.*

Le Manuel des Artistes et des Amateurs, par de
Petity. *Paris*, 1770, 4 *vol. v. m.*

Recueil A à &. *Fontenoy*, 1745, 12 *vol. v. f.*

Pièces intéressantes et peu connues pour servir à
l'Histoire, par de La Place. *Paris*, 1785, 4 *vol.*
dem. rel.

Mémoires politiques et militaires du duc de
Noailles, par l'abbé Millot. *Maëstricht*, 1777,
4 *vol. bas.*

Analyse raisonnée de Bayle. *Lond.* 1755, 8 *vol. v. m.*

6 - 55 Histoire de l'anarchie de Pologne, par Rulhière. *Paris*, 1807, 4 *vol. dem. rel.*

7 - - -
6 - - - Histoire de l'Amérique, par Robertson, traduite de l'anglais. *Paris*, 1778, 4 *vol. v. m.*

9 - 15 Histoire des Ordres militaires, ou des Chevaliers. *Amst.* 1721, 4 *vol. in-8. fig. v. f.*

N° XXIII. 67 *vol. in-12.* dont :

1 - 85 De la Distinction primitive des Psaumes en monologues et en dialogues, par Viguier. *Paris*, 1809, 2 *vol. bas.*

1 - 50 Synonymes français, par Girard. *La Haye*, 1770, 2 *vol. bas.*

10 - - Dictionnaire portatif des règles de la langue française. *Paris*, 1770, 2 *vol. bas.*
Dictionnaire historique des cultes religieux, par de Lacroix. *Paris*, 1777, 3 *vol. v. f.*

1 - 50 Dictionnaire de Chirurgie. *Paris*, 1767, 2 *vol. bas.*

3 - - - Paméla, trad. de l'anglais de Richardson. *Paris*, 1768, 4 *tom. en 2 vol. v. m.*

7 - - - Histoire de miss Clarisse Harlowe, par le même. *Paris*, 1777, 7 *vol. v. m.*

4 - - - Histoire de quatre Espagnols, par Montjoie. *Paris*, 1802, 4 *vol. dem. rel.*

5 - - - Manuscrit trouvé au mont Pausilype, par le même. *Paris*, 1802, 5 *vol. dem. rel.*

2 - 85 La Paysanne pervertie. *Paris*, 1786, 4 *vol. v. m.*

4 - 95 Mémoires historiques et Anecdotes des reines et régentes de France. *Amst.* 1782, 6 *vol. dem. rel.*

3 - 80 L'Orpheline du Château, ou Emmeline, par Charlotte Smith, roman traduit de l'anglais. *Paris*, 1788, 4 *vol. dem. rel.*

2 - 75 Edmond de la forêt, traduit de l'anglais. *Paris*, an VII, 4 *vol. dem. rel.*

7 - 95 Les Vœux téméraires, par madame de Genlis. *Hambourg*, 1799, 3 *vol. dem. rel.* = Les Mères rivales, par la même. *Berlin*, an X, 4 *vol.*

p.
Aezera~ [struck through]   revieda tartraccann 8.i
p.
Martins   ordres. C.

p.

p.

francart.   tes deux val· lachis à huil·

p.
p.
p.
Dabin

idem

gard.
Simonnet.

p.

p.

Laloy

taché et piqué.

vie privée. Mr. de Cr.

p.

bergt.
p.
poëy
p.

p.

p.

beyst.
rouget.
Simonne

chimot.

p.

nozerau

p.

(13)

dem. rel. = La duchesse de La Vallière, par la même. *Paris*, 1804, 2 *vol.*

Les OEuvres de Virgile, en latin et en français. *Paris*, 1769, 4 *vol. v. m.* 4 . 50.

N° XXIV. 61 *vol. in-8.* dont :

Dictionnaire des Origines. *Paris*, 1777, 6 *vol. v. m.* 6 . 20.

Dictionnaire littéraire, extrait des meilleurs auteurs anciens et modernes. *Liége*, 1768, 3 *vol. bas.* 2 . 40.

Dictionnaire des Gens du monde, historique, littéraire, etc. *Paris*, 1770, 5 *vol. v. m.* 3.

Dictionnaire militaire. *Paris*, 1758, 3 *vol. bas.*
Dictionnaire portatif du Cultivateur. *Paris*, 1764, 2 *vol. bas.* } 3 . 60.

Dictionnaire des règles de la langue françoise. *Paris*, 1770, 2 *vol. v. m.*
Dictionnaire de jurisprudence et de pratique. 1763, 3 *vol. v. m.* } 3 . 50.

Dictionnaire des Arts et Métiers. *Paris*, 1773, 5 *vol. v. m.* 9 . 90.

Dictionnaire de Littérature, par Sabatier de Castres. *Paris*, 1770, 3 *vol. v. m.* 5.

La République des Hébreux et les Antiquités judaïques, par Basnage. *Amst.* 1705, 5 *vol. fig. m. r.* 38 . 95.

Abrégé chronologique de l'Histoire de France, par le président Hénault. *Paris*, 1775, 3 *vol. v. éc.* 9 . 10.

Vie privée de Louis XV. *Londres*, 1781, 4 *vol. v. éc.* 8 . 9.

Anecdotes des Républiques. *Paris*, 1771, 2 *vol. dem. rel.* 2 . 50.

Anecdotes espagnoles et portugaises. *Paris*, 1773, 2 *vol. dem. rel.* = Germaniques. *Paris*, 1769, *dem. rel.* 5 . 95.

Anecdotes dramatiques. *Paris*, 1775, 3 *vol. v. éc.* 4.

OEuvres diverses de Dorat. *Paris*, 1772, 9 *vol. fig. v. m. et dem. rel.* 6.

Nº XXV. 5o *vol. in-8.* dont :

2..5 Dictionnaire de Physique, par Paulian. *Nismes*, 1773, 3 *vol. fig. v. m.*

7.--- Dictionnaire d'Hippiatrique, par Lafosse. *Paris*, 1775, 4 *vol. v. m.*

6. 6o Dictionnaire de l'Industrie. *Paris*, 1776, 6 *vol. v. m.* *rel en 3 vol.*

2.-85 Dictionnaire des Merveilles de la nature. *Paris*, 1781, 2 *vol. v. m.*

5--5 Dictionnaire des Antiquités romaines. *Paris*, 1766, 2 *vol. v. m.*

9.-- Dictionnaire de Diplomatique. *Paris*, 1774, 2 *vol. fig. v. m.*

4.-3o Essai sur l'histoire générale des Tribunaux des peuples tant anciens que modernes, par des Essarts. *Paris*, 1778, 6 *vol. bas.*

1.-5o De l'Électricité des météores, par Bertholon. *Paris*, 1787, 2 *vol. fig. v. m.*

7.-65 Phytologie universelle, ou Histoire naturelle des plantes, par Jolyclerc. *Paris*, *an vii*, 5 *vol. v. rac.*

7.-95 Contes Moraux, par Marmontel. *Paris*, 1775, 3 *vol. fig. v. éc.*

12.-- OEuvres de madame Riccoboni. *Paris*, 1790, 8 *vol. fig. dem. rel.*

23.4o OEuvres du duc de Saint-Simon. *Strasbourg*, 1791, 6 *vol. dem. rel.*

Nº XXVI. 44 *vol. in-8.* dont:

7.-4o Dictionnaire des Hérésies, par l'abbé Pluquet. *Paris*, 1762, 2 *vol. v. m.*

5.-8o Dictionnaire de Chasse et de Pêche. *Paris*, 1769, 2 *vol. v. m.*

2.-- Dictionnaire portatif de Mythologie. *Paris*, 1765, 2 *vol. v. m.*

p.

simonnet.

Renouard.
Renonard.

nozeran

iden

Lainé.

p.

p.

p.

p.

chimot.

mequignon

me huzard.   faché.

p.   dictionnaire de chasse. mme Huz. ✗ +

les artes. M. de Cr.   imparfait.   Dabin
                                                             p.
                                                             chinot.

                            imparfait.   Latry
                                                             chinot.
                                                             idem

                                                             Mequignon jr.
                                                             Cordier
                                                             p
Les lecours. mme Huzard, az+ si c'est un livre d'histoire naturelle.   Louvard

                                                             chinot.
                                                             p.
                                                             pierre
                                                             p.
                                                             p-
                                                             p.

Recueil de pièces de théâtre, depuis 1768. 6 *vol.*   *5.*
dem. rel.

Recueil des Procès verbaux de la commune de   *3..75.*
Paris, depuis le 29 juillet 1789. *Paris*, 1791,
9 *vol. dem. rel.*

Les Actes des Apôtres, par Peltier. *Paris*, 3 *vol.*   *3..5.*
v. éc.

Des Lettres de cachet, par Mirabeau. *Hambourg*,   *2..45.*
1782, 2 *vol. dem. rel.*

Histoire de la Révolution du 10 août 1792, par   *2.*
Peltier. *Londres*, 1795, 2 *vol. dem. rel.*

Le procès de Louis XVI. *Paris*, 1795, 9 *vol. dem. rel.*   *5.*

Nº XXVII. 50 *vol. in-12.*

Histoire de France, par Velly. *Paris*, 1775, 30 *vol.*   *32..95.*
v. m.

Histoire générale de l'Amérique, par le P. Touron.   *5..5.*
Paris, 1768, 14 *vol. bas.*

Politique tirée des propres paroles de l'Écriture-   *4.*
Sainte, par Bossuet. *Paris*, 1714, 2 *vol. v. b.*

Les Leçons de la nature, par L. Cousin Despréaux.   *5..55.*
Paris, 1805, 4 *vol. bas.*

Nº XXVIII. 21 *vol. in-4.* dont :

La Sainte Bible en latin et en français, publiée   *49..95.*
par l'abbé de Vence. *Paris*, 1748, 14 *vol. bas.*

Discours sur l'Histoire universelle, par Bossuet.   *5..95.*
Paris, 1732, *in-4. v. m. Gr. Pap.*

La Manière de se bien préparer à la mort, par de   *8.*
Chertablon. *Anvers*, 1700, 1 *vol. fig. v. b.*

OEuvres de Ch. Joachim Colbert, évêque de Mont-   *9..5.*
pellier. *Cologne*, 1740, 3 *vol. m. bl.*

Instructions générales en forme de catéchisme,   *2..50.*
par le même. *Paris*, 1702, 1 *vol. m. r.*

L'Imitation de Jésus-Christ, trad. en vers français,   *3.*
par P. Corneille. *Rouen*, 1658, 1 *vol. v. b.*

On a ajouté un grand nombre de figures.

N° XXIX. 58 *vol. in-12.* dont :

OEuvres de Machiavel. *La Haye*, 1743, 6 *vol. v. f.*

OEuvres de van Effen. *Amst.* 1742, 5 *vol. vél.*

OEuvres de Saint-Évremond. 1740, 10 *vol. v. f.*

Méthode pour étudier la géographie, par Lenglet Dufresnoy. *Paris*, 1742, 7 *vol. v. m.*

L'Expédition de Cyrus, trad. du grec de Xénophon, par Larcher. *Paris*, 1778, 2 *vol. v. f. Pap. Fort.*

Histoire littéraire des Troubadours, par Millot. *Paris*, 1774, 3 *vol. v. m.*

Troisième voyage de Paul Lucas dans la Turquie. *Rouen*, 1719, 3 *vol. fig. m. r.*

Recherches philosophiques sur les Égyptiens et les Chinois, et sur les Américains, par de Pauw. *Berlin*, 1773, 5 *vol. v. m.*

Mémoires pour servir à l'Histoire d'Espagne, sous le règne de Philippe v, par le marquis de Saint-Philippe. *Amst.* 1756, 4 *vol. v. m.*

N° XXX. 53 *vol. in-12.* dont :

Sermons de Massillon. *Paris*, 1782, 13 *vol. m. r.*

Traité de l'Opinion, par Le Gendre. *Paris*, 1733, 10 *vol. v. m.*

Le Lycée de la jeunesse, par Moustalon. *Paris*, 2 *vol. bas.* = Les Etudes convenables aux demoiselles. *Paris*, 1789, 2 *vol. bas.*

Géographie moderne, par Nicolle de la Croix. *Paris*, 1786, 2 *vol. bas.*

Voyage de la Hontan dans l'Amérique septentrionale. *Amst.* 1728, 2 *vol. fig. v. b.*

Quinte-Curce en latin et en français, trad. par Vaugelas. *Lyon*, 1761, 2 *vol. bas.*

Les Théâtres de P. et de Th. Corneille. *Paris*, 1747, 11 *vol. m. r. Gr. Pap.*

Monier
veydt.
p.
p.

Monier

limonnet.

chimot.

chimot.

Mequignon jr.
Dabin

p.

Monnier

limonnet.

p.

p. ~~Simonnet~~.
p.
p.
Simonnet.

p.
Laloy

p.
p.
p.
Beydt.

mcquignon jr.

p.
p.
p.
gailliot.

Moliere. qu. si complet.

p.
p.

N° XXXI. 59 *vol. in-12.* dont :

Dictionnaire des Alimens. *Paris,* 1750, 3 *vol. v. m.*   2 .

Histoire du chevalier Grandisson, trad. de l'ang. *Amst.* 1770, 4 *vol. v. m.*   3 .. 50.

Lettres de la Comtesse de la Rivière. *Paris,* 1776, 3 *vol. v. éc.*   1 .. 50.

Laure, ou Lettres de quelques femmes de Suisse. *Genève,* 1786, 7 *vol. dem. rel.*   2 .

Jérusalem délivrée, du Tasse. *Paris,* 1735, 2 *vol. v. f. dent.*   2 . 15

Théâtre à l'usage des jeunes personnes, par madame de Genlis. *Paris,* 1785, 7 *vol. v. m.*   5 .. 85.

Génie du Christianisme, par M. de Châteaubriand. *Paris,* 1804, 2 *vol. dem. rel.*   3 .. 5 .

Essai historique sur Paris, par de Saint-Foix. *Paris,* 1776, 7 *vol. v. m.*   9 .

Histoire des Juifs, par Prideaux. *Paris,* 1726, 7 *vol. fig. v. b.*   4 .. 95.

Les Délices des Pays-Bas. *Bruxelles,* 1743, 4 *vol. fig. v. b.*   1 .. 90 .

Histoire des révolutions de Gênes. *Paris,* 1753, 3 *vol. v. m.*   2 .. 5 .

N° XXXII. 82 *vol. pet. in-12.* dont :

Bibliothèque des Dames; romans. *Paris,* 1785, 6 *vol. v. éc.*   3 .. 95.

La vie de Marianne, par Marivaux. *Londres (Cazin),* 1782, 4 *vol. v. éc.*   3 . 50.

Mémoires du chevalier de Ravanne. *Londres (Cazin),* 1781, 4 *vol. v. éc.*   3 .. 25.

Gilblas de Santillane, par le Sage. *Londres,* 1749, 4 *vol. fig. m. r.*   10 .

OEuvres de Molière. *Amst. Le Jeune, (Elzevier),* 1684, 6 *vol. fig. v. b.*   10 .. 9 .

OEuvres de Boileau. *Paris,* 1768, 3 *vol. v. m.* .. 2 .. 50 .

OEuvres de la Fontaine. *Paris,* 1758, 8 *vol. v. m.*   7 . 10 .

8 — — — OEuvres de J. B. Rousseau. 1753, 5 *vol. v. m.*

17 — 95 OEuvres de Rabelais. (*Elzevier*), 1663, 2 *vol. m. r.*

1 — 80 Poésies d'Horace en latin et en français. *Paris*, 1763, 2 *vol. v. m.*

3 — 25 Roman comique de Scarron. *Paris*, 1784, 3 *vol. v. éc.*

3 — 50 La comédie du Dante mise en vers français, par Grangier. *Paris*, 1597, 3 *vol. v. éc.*

27 — 80 Précis de la Révolution, par Rabaut et Lacretelle. *Paris*, 1809, 6 *vol. fig. dem. rel.*

N° XXXIII. 6o *vol. in-12.* dont :

4 — 20 Bibliothéque Ascétique, par le P. Jerôme. *Paris*, 1761, 7 *vol. v. éc.*

1 — 75 La vie de Philippe II, trad. de l'italien de Gregorio Leti. *Amst.* 1734, 6 *vol. v. b.*

3 — 95 Théâtre de la Chaussée. *Paris*, 1741, 3 *vol. m. r.*

2 — — — Théâtre de Saint-Foix. *Paris*, 1767, 4 *vol. v. m.*

3 — 55 Les Liaisons dangereuses, par Choderlos de la Clos. *Paris*, 1782, 2 *vol. v. éc.*

16 — 10 OEuvres de Crebillon le fils. *Londres*, 1779, 7 *vol. v. m.*

9 — 60 Le comte de Valmont. *Paris* 1779, 5 *vol. v. m.*

6 — 60 — Histoire de Don Quichotte, trad. de l'espagnol de Cervantes. *Paris*, 1777, 4 *vol. fig. v. m.*

10 — 5 Lettres et Mémoires de madame de Maintenon. *Amst.* 1756, 8 *vol. v. m.*

12 — 80 Mémoires de Sully. *Londres*, 1767, 8 *vol. v. m.*

N° XXXIV. 19 *vol. in-4.* dont :

21 — — Les deux Voyages de Le Vaillant en Afrique. *Paris*, 1790, 3 *vol. fig. dem. rel.*

4 — 80 Voyage autour du Monde, par de Bougainville. *Paris*, 1771, 1 *vol. fig. v. éc.*

8 — 5 Histoire générale de Provence. *Paris*, 1777, 2 *vol. m. r.*

6 — — Histoire des Découvertes des Portugais dans le

porquet.
galliot.
p.
p.
Dabin

p.

tres rogné

Mequignon jr.

p.

jorat.

p.
p.

Chimot

p.
Dabin

p.

Rozeran

p.

p.

picmo

Martin

avec 2 vol ajoutés, dont un
petit article de Robert de Langeac

Éckard :–

p.

p.

pierre
p.
p.

Mᵉ Mayar .

serveurs. M. and.

Beydt.
p.
p.

p.

p.

p.

Nouveau-Monde, par Lafitau. *Paris*, 1733, 2 *vol.*
fig. v. b.

Ordonnance de la Marine. *Paris*, 1765, 1 *vol.* 6- 5·
dem. rel.

Pièces originales du Procès de Damiens. *Paris*, 2..50 ʒ·
1757, 1 *vol. v. m.*

Rapport sur les sépultures, par Cambry. *Paris*, 1-60.
an *VII*, 1 *vol. fig. cart.*

Description de Paris, par Beguillet. *Paris*, 1779, 13.
3 *vol. fig. dem. rel.*

N° XXXV. 18 vol. in-4.

OEuvres de Molière. *Paris*, 1734, 6 *vol. fig. v. m.* 24·
OEuvres de Destouches. *Paris*, 1757, 4 *vol. v. m.* 8- 95·
Les Amours pastorales de Daphnis .et de Cloé, 7·95·
trad. du grec, par Amyot. *Paris*, 1757, 1 *vol.*
fig. m. r.

Sommaire de ce qui s'est passé de plus mémorable 10-95·
en Angleterre, depuis 1640, jusqu'en 1650.
Paris, 1650, 1 *vol. m. r.*

Galerie universelle des Hommes illustres dans 23.95 ʒ·
l'empire des lettres. *Paris*, 1787, 6 *vol. fig.*
dem. rel.

N° XXXVI. 47 vol. in-12. dont :

Sermons du père de Neuville. *Paris*, 1777, 8 *vol.* 19.
v. m.

Adèle et Théodore, par madame de Genlis. *Paris*, 2..80.
1782, 3 *vol. dem. rel.*

Tom Jones, trad. de l'ang. de Fielding. *Paris*, 1777, 4..40·
4 *vol. fig. v. m.*

Histoire de Cleveland, par l'abbé Prevost. *Londres*, 6- 10·
1777, 6 *vol. v. m.*

Le Doyen de Killerine, par le même. *La Haye*, 5·
1777, 3 *vol. v. m.*

Histoire d'Écosse, par Robertson, trad. de l'ang. 4· 55·
Londres, 1762, 3 *vol. v. m.*

N° XXXVII. 53 *vol. pet. in-12.* dont :

16 — — La Sainte Bible, trad. en français. *Paris*, 1730, 10 *vol. m. bl. l. r.*

2 . . — Satyre Menippée. *Ratisbonne*, 1664, 1 *vol. v. j.*

3 . . 85 Mémoires et aventures d'un homme de qualité. *Amst.* 1759, 6 *vol. v. m.*

8 - - — Théâtre de d'Ancourt. *Paris*, 1760, 12 *vol. v. m.*

11 . 95 Le Théâtre de P. et de Th. Corneille. *Amst.* 1740, 11 *vol. v. b.*

N° XXXVIII. 34 *vol. in-8.* dont :

9 . . 5 OEuvres de Regnard. *Paris*, 1790, 4 *vol. fig. cart.*

10 . . — Théorie des Bévolutions, par M. Ferrand. *Paris*, 1817, 4 *vol. br.*

13 . 95 Explication de l'Enigme intitulée : Histoire de la Conjuration du duc d'Orléans. *A Vendishtad*, 4 *vol. br.*

13 - — Histoire des Juifs, de Flavius Joseph, trad. par Arnauld d'Andilly. *Bruxelles*, 1738, 5 *vol. fig. v. m.*

4 . . 5. Dictionnaire portatif des femmes célèbres. *Paris*, 1788, 2 *vol. v. m.*

4 . 60 { Dictionnaire de santé. *Paris*, 1783, 2 *vol. v. m.* Abrégé Chronologique de l'Histoire ecclésiastique. *Paris*, 1751, 2 *vol. v. m.*

12 . . — Tablettes Chronologiques, par Lenglet-Dufresnoy. *Paris*, 1778, 2 *vol. v. m.*

N° XXXIX. 13 *vol. in-folio.* dont :

26 - - Histoire de l'ancien et du nouveau Testament, gravée par Luyken. *Amst.* 1732, 1 *vol. fig. v. m.*

3 . — Abrégé de l'Histoire Françoise, avec les effigies des Rois. *Paris*, 1585, 1 *vol. bas. avec fig. en bois.*

55 . 50 Atlas universel, par Robert de Vaugondy. *Paris*, 1757, 1 *vol. v. m. Gr. Pap.*

pierre

hatchatiere .   mouillé.

p.
p.

p.
Laloy

                                 explication. C. to have.

francart.

p.

p.

p.

mequignon j.

cordier

gab. marie

Dabin

p.

mequignon jr.

p.
Le Rond jr
p.

tragedie. M. gu.

D'un nouveau. M. le cher.

p.

mequignon jr.
porquet.
martin

Atlas géographique, par Mentelle; en feuilles, avec *10 .*
les cartes coloriées.

N° X L. 34 *vol. in-12.* dont :

Bibliothéque physico-économique, depuis 1782 *11 .*
à 1794. *Paris*, 1785, 15 *vol. dem. rel. et bas.*
Il manque ~~le second volume de 1790,~~ et les années 1791
et 1792.

OEuvres spirituelles de Fénelon. *Amst.* 1723, *7 . . 5 .*
5 *vol. v. éc.*

Les Aventures de Télémaque, par le même. *Rotter-* *8 . . 9 5 .*
dam, 1719, 1 *vol. fig. m. r.*

Poésies de Gresset. *Paris*, 1802, *in-12. v. f. Pap. V .* *3 . . 8 5 .*

Traité des Causes physiques et morales du rire. *1 . . 9 5 .*
Amst. 1768, *in-12. v. porph.*

Recueil des Statuts, Ordonnances du royaume de *4 - 5 0 d*
la Bazoche. *Paris*, 1654, *in-8. m. r.*

Histoire de Grysélydis, ensemble l'obéissance que *4 . 9 5 d*
doivent avoir les femmes envers leurs maris. *Pa-*
ris, *in-8. m. r.*

Tragédie du Roi Franc-Arbitre. 1558, *m. bl.* _ _ _ *6 . .* *d .*

Discours du vrai sacrifice, et du vrai sacrificateur, *2 . . 5 0 d .*
par J. de l'Espine. 1564, *pet. in-8. m. v.*

D'un nouveau chef, qui au temps des empereurs, *2 . 5 0 d .*
s'éleva à Rome, livre contenant comment et par
quel moyen s'est élevée la papauté. 1543, *in-8.*
v. m.

Discours sur le saint cierge d'Arras, par Nic. Fatou. *1 . . 5 0 .*
Arras, 1744, 1 *vol. v. f.*

N° XLI. 29 *vol. in-8.* dont :

Sermons du P. Bourdaloue, contenant l'avent, le *9 .*
carême et les mystères. *Paris*, 1707, 6 *vol. v. b.*

Dictionnaire portatif de la Bible. *Paris*, 1756, *2 .*
1 *vol. v. m.*

Dictionnaire des Fossiles, par Bertrand. *La Haye*, *1 .*
1763, 2 *tom. en* 1 *vol. v. éc.*

2..10 Dictionnaire du vieux Langage françois, par La-
    combe. *Paris*, 1766, 1 *vol. v. m.*

2..50 Dictionnaire géographique de Vosgien. *Paris*,
    an VII, 1 *vol. bas.*

2 .... Description de l'église d'Amiens. 1806, 1 *vol.*
    dem. rel.

3 ... { Directions pour la conscience d'un Roi, par Féne-
    lon. *La Haye*, 1747, 1 *vol. v. b.*
    Les usages de la Sphère et des Globes, par de la
    Marche. *Paris, an VII*, 1 *vol v. rac.*

2..80 . Voyage en Guinée, par Isert, trad. de l'allemand.
    Paris, 1793, 1 *vol. bas.* = Voyages dans la Grèce
    asiatique, par Sestini, trad. de l'italien. *Paris*,
    1789, 1 *vol. bas.*

14..5 Romans et Contes de Voltaire. *Bouillon*, 1778,
    3 *vol. fig. v. éc.*

16..5 Journal de Henri III et de Henri IV, par de l'Estoile.
    Cologne, 1745, *et La Haye*, 1741, 8 *vol. v. éc.*
    et v. m.

N° XLII. 52 *vol. in-12.*

10.50 Mémoires pour l'histoire des Sciences et des Beaux-
    Arts. *Trévoux*, 1760 à 1773, 52 *vol. v. m.*

Il manque aux années 1764, le tome Ier.; 1770, les tomes
II et III; 1773, le tome IV.

FIN.

DE L'IMPRIMERIE DE CRAPELET.

beydt.

p.

p.

Le Rond j

p.

pierre
chinet.

p.